JN060541

見て・くらべてオノマトペ！

語感をみがこう

さくさく・じりじり ようすのことば

ほるぷ出版

「オノマトペ」ってなに？

～「感じ」をもっと伝える言葉～

「オノマトペ」とは、ドアをたたく音「コンコン」やネコの鳴き声「ニャー」のような、ものの音や動物の鳴き声を人間の声であらわした言葉（擬音語または擬声語）と、よどみなくしゃべるようす「ぺらぺら」やひどくおどろいた感じ「ぎょっ」のような、もののようすや人の気持ちを、音そのもののもつ感じによってあらわした言葉（擬態語）のふたつをあわせた言葉です。

オノマトペを使うと、表現がとても生き生きとしたものになります。たとえば、試合のようすを書いた作文で「勝利が近づいてきたと感じた」というところを、「勝利がぐっと近づいてきたと感じた」としたらどうでしょう。「ぐっ」というオノマトペがあることで、その場にいるような臨場感が伝わります。さらに「勝利をぐっと引き寄せた感じがした」だと、あなたの実感がさらに伝わって、読む方も思わず引きこまれることでしょう。

こんなふうに、オノマトペには、表現を生き生きとさせ、人の心を「ぐっ」とわしづかみにしてしまう魅力があります。オノマトペは、気づいてみるとわたしたちの周囲に満ち満ちています。このオノマトペについて、ときに立ち止まって、その言葉のもつくわしい意味を考えたり、ちょっと音を変えてくらべてみたり（たとえば、「ぎょっ」と「げっ」では、印象はどのようにちがうでしょうか？）、似た意味のものを並べてちがいを考えたりすれば、オノマトペに対する感覚だけでなく、広く言葉に対する感覚をみがいていくことができるでしょう。

監修　**小野正弘**（明治大学文学部教授）

もくじ

マークの説明

使ってみよう
そのオノマトペを使った作文や、会話の例を紹介しています。

ここにあるよ！
文学作品の中で、そのオノマトペが使われている部分をぬき出して紹介しています。

こうしてできた！
そのオノマトペが生まれた背景、成り立ちを説明しています。

さがしてみよう！
身近にあるオノマトペ

レストラン「オノマトペ」へようこそ！　おいしい料理と、いろいろなお客さんが集まるレストランは、オノマトペであふれています。読むだけでおなかがすいてきそうな言葉もありますね。

この他にも、さまざまなもののようすや、音をあらわすオノマトペを、次のページからたくさん紹介していきます。作文や日記などで、ぜひ使ってみてください！

さくさく

ものごとがつまづいたり、止まったりすることなく、順調に進むようす。

【別の意味】①ものを切ったりきざんだり、かんだりするときなどの、連続する軽やかでさわやかな感じの音。また、そのようす。②やわらかい土や砂、雪、霜柱などの上をふむ音。細かいつぶの形をしたものを混ぜあわせる音。また、そのようす。

使い方 おやつに食べたクッキーは、さくさくしていておいしかった。

使ってみよう

おじさんからもらった新しい百科事典のおかげで、調べ学習の宿題がさくさく進んだ。

似た意味のオノマトペ

もっと気持ちよく進むときは……

すいすい

意味

気持ちよく軽やかに、問題なく快調に進んでいくようす。

使ってみよう

道がすいていたので、目的の観光地にすいすいと着いた。

じりじり

意味

時間をかけて少しずつ、確実に進んだり変化したりし続けるようす。

【別の意味】①ぜんまいなどを巻いたり、ベルなどがやかましく鳴りひびいたりする音。昆虫がやかましく鳴く声。②ものがゆっくりと焼けたり、太陽が焼けつくように強く照りつけたりするようす。 使い方 花火の導火線がじりじりと燃える。

使ってみよう

ぼくらのチームは、前半五対〇とリードしていたけれど、後半じりじりと追いあげられて、同点に追いつかれてしまった。

似た意味のオノマトペ

静かにゆっくり進むときは……

そろそろ

意味

動作が静かに、ゆるやかに行われるようす。ある状態に向かって、少しずつ時間をかけて進むようす。

使ってみよう

レストランの店員さんが、高さ50センチの特製パフェをそろそろと運んできた。

どんどん

意味

ものごとが勢いよく、止まることなく進むようす。まよわず積極的にものごとを進めるようす。

【別の意味】続けて大きくひびく音。戸を強くたたいたり、ゆかをあらあらしくふみ鳴らす音。また、そのときのようす。

ここにあるよ！

『又三郎はどてをぐるっとまわってどんどん正門を入って来ると「お早う。」とはっきり言いました。』

「風の又三郎」宮沢賢治

似た意味のオノマトペ

えんりょがないときは……

ばんばん

意味

ものごとをさかんに、勢いよくおし進めるようす。

【別の意味】ものが連続して破裂したり、何かを勢いよく続けてたたくときの大きな音。また、そのときのようす。

使ってみよう

店長！ 新メニューの『レインボーラーメン』です！
ようし、今日からばんばん売っていくぞ！

はらっ

意味

紙や木の葉など、うすくて軽いものや、小さいものが、瞬間的にひるがえったり、落ちたりするようす。

使ってみよう

　おばけやしきに入ると、急におばけがあらわれ、ぼくたちは悲鳴を上げた。でも、おばけの布がはらっとめくれ、足が見えたので、ぼくはわれに返った。

似た意味のオノマトペ

いくつも続けて落ちるときは……

ぱらぱら

意味

雨やあられ、木の葉などの軽いものがあちらこちらに少しずつ、続けて落ちてくるようす。

使ってみよう

　ぼくがイヌのケンと散歩に出ると、小雨がぱらぱらふってきた。

どさり

重いものが、一回落ちたり、たおれたりする音。強く打ったりふみつけたりする音。また、そのときのようす。

ここにあるよ！

『「こんなもの、珍しくもないが、ちっとばかり手にはいったで……」

と、彼は、ふろしき包みを縁さきへどさりとおいた。

「まあ、なんでしょう？　いただいていいの？」

さっそくなかをのぞくと、リンゴと玉ネギがとりまぜて二十ほどはいっていた。』

「火の扉」岸田國士

似た意味のオノマトペ

勢いよく落ちてくるのは……

どかり

意味

重いものが勢いよく落ちて、ものに当たるときのこもった音。重みをかけながら勢いよく座る音。また、そのようす。

使ってみよう

大きなクマのぬいぐるみをかかえた男の人が、バスの一番後ろの席にどかりと座った。

ゆさゆさ

意味

重みのあるものが、上下左右に大きくゆれ動く音。また、そのときのようす。

使ってみよう

クワガタ探し名人のおじいちゃんが、大きな木をゆさゆさとゆすったら、クワガタが何びきも落ちてきた。

似た意味のオノマトペ

不安定な感じがするのは……

ぐらぐら

意味

ものなどが固定されずに不安定なようす。ものが大きく続けてゆれ動くようす。

9 使ってみよう

前歯がぐらぐらするよ……。

乳歯がぬけて、永久歯に生えかわるんだよ。

たぷたぷ

意味

やわらかくふくらんだものがゆれ動くようす。また、入れ物にあふれそうなほど入っている液体がゆれ動く音や、そのときのようす。

こうしてできた！

「たぷたぷ」の「たぷ」は、容器にたくさん入った液体が、やわらかくゆれ動くようすをあらわす。それをふたつ続けてできた「たぷたぷ」は、もともとは洗面器いっぱいに入った湯が、左右にゆれ動くようすをあらわしていた。そこから、生き物に対して、左右にゆれるほどぜい肉がついているようすなどにも使われるようになった。

似た意味のオノマトペ

一度だけのゆれなら……

ぷるん

意味

一瞬、はじいたようにゆれるさま。

使ってみよう

ぼくが大好きなごまどうふにスプーンを入れると、ごまどうふがぷるんとゆれた。

ふかふか

ほどよく空気をふくんで、やわらかくふくらんでいるようす。

使ってみよう

よく晴れた日に干した布団はふかふかで、お日さまのにおいがする。

似た意味のオノマトペ

もっとやわらかいのは……

ふんわり

意味

じゅうぶんに空気をふくんで、やわらかく軽そうにふくらんでいるようす。

【別の意味】ものがうきあがったり、ただよったりするようす。

ここにあるよ！

『やわらかい口調で婦人が喋り出すと、空二は婦人の声に連れられて、ふんわりした雲の中に這入って行くような気持がした。』

「雲雀病院」原民喜

くらべてみると①

よりやわらかいのは、どっち??

ふっくら

ふかふか

寒い日には、あたたかい肉まんが食べたくなるという人も多いでしょう。「**ふかふか**の肉まん」と「**ふっくら**した肉まん」。どちらもおいしそうですが、より「やわらかさ」を感じるのは、どちらでしょうか?

「**ふかふか**(13ページ)」は、「**ふかふか**のソファー」「焼き立てのパンは**ふかふか**していた」などの使い方から、そのもの自体にやわらかさがあって、何かをのせたとき、その重みでいったんへこみはするけれど、ゆっくりともとにもどろうとする感じがあることがわかります。

「**ふっくら**」はどうでしょう。昔、「ふくら」というオノマトペがあり、たとえば「植物の種が、ふくらとしたようすだった」のように使われて、じゅうぶんなふくらみがあることをあらわしていました。この「ふくら」の意味をより強めたのが「**ふっくら**」なので、「**ふっくら**」は、「やわらかさを残しながら、内側からふくらんでいるようす」をあらわしていると言えます。

「やわらかさ」と「ゆっくりもとにもどる力」がかけあわされた「**ふかふか**」と、同じく「やわらかさ」と「内側からふくらむ力」がかけあわされた「**ふっくら**」をくらべると、**「ふっくら」には内側からの力強さが感じられる分、「ふかふか」の方がよりやわらかい**と言えるのではないでしょうか。

ただ、「**ふかふか**の肉まん」と「**ふっくら**した肉まん」のどちらがよりおいしそうか、ということになりますと、人によって好みもありますので、引き分けということになるでしょう。

ぴたり

ものとものが、すきまなくくっつくようす。ものごとが、ちょうどよく当てはまったり、かみあったりするようす。

使い方 【別の意味】それまでの動きや状態が急に止まるようす。にぎやかだった話し声がぴたりとやんだ。

使ってみよう

「おばあちゃん、まだかなあ」健太は、窓におでこをぴたりとくっつけて、外を見ていました。

似た意味のオノマトペ

完全に密着しているときは……

ぴっちり

意味

ものとものが、まったくすきまがないくらい完全にくっついているようす。

使ってみよう

食べきれなかったロールケーキにぴっちりラップをかけて、冷蔵庫のおくに大切にしまった。

ちょん

意味

小さなものがひとつだけつき出ていたり、くっついていたりするようす。

【別の意味】するどい刃物などで、小さくて軽いものをあっというまに断ち切る音。また、そのときのようす。

使い方 結んであったひもを、はさみでちょんと切る。

使ってみよう

貴志おじさんは、グリーンピースがちょんとのったシュウマイが大好きだ。

似た意味のオノマトペ

平らなところにはりつくのは……

ぺたん

平たいものに、別の平たいものを面でくっつける音。また、そのときのようす。はりついたように座るようす。

使ってみよう

わたしたちは体育館のゆかにぺたんと座って、先生の話を聞いた。

くねくね

意味

長さのあるものが、右へ左へゆれるように何度も折れ曲がるようす。道や川などにも使う。

使ってみよう

キャンプ場までの道はくねくねしていて、着くころにはみんなすっかり車酔いしてしまった。

似た意味のオノマトペ

高い低いもあらわせるのは……

うねうね

意味

右へ左へ曲がりくねりながら、ゆるやかに進んでいくようす。道や川などの他、波などが高くなったり低くなったりするときにも使う。

ここにあるよ！

『疲れているような、また、眠いように見える砂漠は、かぎりなく、うねうねと灰色の波を描いて、はてしもなくつづいていました。』

「砂漠の町とサフラン酒」小川未明

ジグザグ

直線が、右、左とするどい角度で折れ曲がるようす。

こうしてできた！

アルファベットの「Z」の文字の形や、稲妻の形をあらわす英語「zigzag」がもとになっている。

似た意味のオノマトペ

たよりなく折れ曲がるときは……

ぐにゃぐにゃ

意味

かんたんに折れ曲がったり、くずれ落ちたりするようす。

 使ってみよう

10キロの道のりを走りきったぼくは、ゴールテープを切るやいなや、その場にぐにゃぐにゃとたおれこんだ。

ぷっつり

ほんのわずかな時間のうちに、ものを断ち切るするどい音。また、そのときのようす。続いていたものが、突然とぎれるようす。

使ってみよう

長い間旅をしているいとこのお兄ちゃんからの手紙が、最近ぷっつり来なくなった。みんなで心配していたが、昨日、突然家に帰ってきたと電話があった。

似た意味のオノマトペ

より太いものが切れるときは……

ぶつん

意味

少し太めの糸などが、勢いよく切れるようす。ずっと続いていたものが、急に、完全に切れるにぶい音。また、そのときのようす。

使ってみよう

みんなより大きいさつまいもをほりたくて、太めのくきを選んで思いきり引っぱったら、ぶつんと切れてしまった。

ちょきり

はさみを一度軽く動かして、ものを切る音。また、そのときのようす。

使ってみよう

近所のおばさんが、庭で育てたバラの花を一本ちょきりと切って、わたしにプレゼントしてくれた。

似た意味のオノマトペ

もっと勢いよく切るときは……

じょきり

はさみなどの刃が一度、勢いよくふれあう音。はさみなどで布などを思いきって断ち切る音。また、そのときのようす。

使ってみよう

お兄ちゃんは「暑い」と言って、長そでシャツのそでをじょきりと切り、半そでにしてしまった。

ぎんぎらぎん

どぎついくらいにはでに光りかがやくようす。また、異常に目の色を変えるようす。

使ってみよう

うちのおじいちゃんは、町のカラオケ大会にぎんぎらぎんの衣装で出場して、みんなの注目を浴びた。

似た意味のオノマトペ

好意的なまなざしを感じるのは……

ぴかぴか

光やつやをもって、まばゆいぐらいにかがやくようす。また、見ていてまばゆい気持ちになるようす。

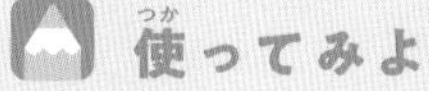

この春、ついに妹が小学校に入学した。ぴかぴかの新入生だ。

きらきら

意味

ごくわずかな時間の間に光がとぎれたり、また光ったりしながら、明るくまぶしくかがやくようす。

使ってみよう

星がこんなにたくさんきらきら光ってるよ！
あれが全部宝石になって、落ちてこないかなあ……。

似た意味のオノマトペ

おちついた明るさで光り続けるときは……

こうこう

意味

日光や電灯などが、明るくかがやき続けるようす。白く見えるくらいに明るく光るようす。

ここにあるよ！

『あかりはずんずんはっきりしてきて、ぱあっとてりだしたとおもうと、そこはどろぼうの家で、中にはこうこうと灯がともっていました。』

「ブレーメンの町楽隊」
グリム兄弟作　楠山正雄訳

てかてか

ものの表面がなめらかでつやがあり、光っているようす。ほめる場合や、好ましさをあらわすときにはあまり使わない。また、日光が照りかがやくようす。

使ってみよう

いとこのお兄ちゃんからもらったお下がりの制服は、まだじゅうぶん着られるけれど、ひじのところがてかてかになっていた。

似た意味のオノマトペ

照りがもっと強いときは……

てらてら

意味

ものの表面が油っぽくてつやがあり、光っているようす。少し気持ち悪い感じもある。

使ってみよう

水たまりに落ちた油が、日光を受けて、てらてら光っている。

光る・かがやく

らんらん

意味

強く光りかがやくようす。また、目などがするどく光るようす。

ここにあるよ！

『と、どこから登って来たか、爛々と眼を光らせた虎が一匹、忽然と岩の上に躍り上って、杜子春の姿を睨みながら、一声高く哮りました。』

「杜子春」芥川龍之介

似た意味のオノマトペ

気味が悪いのは……

ぎろぎろ

意味

目玉などが、気味が悪いほどするどく動きながら光るようす。

使ってみよう

夜の動物園に行ったら、夜行性の動物たちの目がぎろぎろと光っていて、少しこわかった。

くらべてみると②

よりかがやいているのは、どっち??

あなたは、小学校に入学した日のことを覚えていますか？　きっと、「**ぴかぴか**のランドセル」を背負い、「目を**きらきら**させながら」教室に入っていったことでしょう。この「**ぴかぴか**（21ページ）」と「**きらきら**（22ページ）」は、どちらも光りかがやくようすをあらわすオノマトペですが、このふたつを入れかえてみると、「**きらきら**のランドセル」「目を**ぴかぴか**させながら」となり、何だか変な感じがします。このふたつのオノマトペには、どんなちがいがあるのでしょうか？　そして、「よりかがやいている」のはどちらでしょうか？

「**ぴかぴか**」は、「ライトが**ぴかぴか**光る」「ゆかを**ぴかぴか**にみがく」などのように、「つやがあって、光を反射するようす」をあらわします。

一方の「**きらきら**」は、「はなやかな魅力を表にあらわすようす」という意味が強調されて、「星が**きらきら**光る」「テレビに映るアイドルは**きらきら**している」などのように使われます。宝石が光りかがやくようすをあらわすときに、「**ぴかぴか**の宝石」と言うより、「**きらきら**の宝石」と言う方が「すてきだな」と思えるのは、この「はなやかな魅力」を感じさせるからではないでしょうか。

では、よりかがやいているのはどちらでしょうか。光の強さは「**ぴかぴか**」の方が上です。ライトの明かりは、「**きらきら**」光るより「**ぴかぴか**」光る方がまぶしい感じがしますね。しかし、「**かがやき**」と**は、ただ光っているだけでなく、「美しさ」も合わせもったものです。そう考えると、「はなやかな魅力を表にあらわす」という意味がある「きらきら」の方が、よりかがやいている**と言えそうです。

こんがり

意味 食べ物などを焼くようす。ちょうどよい焼き色がついて、香ばしく焼けるようす。また、よく日焼けしたさま。

使ってみよう

とり肉に片栗粉をつけたら、次はどうするのですか？
フライパンで、こんがりきつね色になるまで焼いていきます。

似た意味のオノマトペ

中までしっかり焼きあげるなら……

かりかり

意味 水分がなくなったり、強くかたまったりして、表面がかたくなるほど焼けるようす。

【別の意味】①かたいものを調子よくかみくだいたり、ひっかいたりする音。②いらだたしく思うようす。 使い方 食べるのがおそいくらいで、かりかりしないで。

使ってみよう

かりかりに焼けたベーコンと目玉焼きをご飯にのせて食べるのが、お兄ちゃんのお気にいりの朝ごはんだ。

じゅーじゅー

意味

食べ物などにふくまれている油が焼けたり、水分が高熱のものにふれて急に蒸発したりするときなどに出る音。また、そのときのようす。

ここにあるよ！

『高いと言ったって、一羽とって皆で分けて食べればいいというつもりで入って行くと、タキシードを着用に及んだボーイが、銀盆の上で丸裸の鴨をジュージューやってスープを取っている。』

「すき焼きと鴨料理 ― 洋食雑感 ―」北大路魯山人

似た意味のオノマトペ

とけたり、あわ立ったりする感じも表現するなら……

じゅわじゅわ

意味

食べ物がちょうどよく焼けたり、高熱でとけたり、あわ立ったりする音。また、そのようにして、においや味がおいしそうに広がるようす。

使ってみよう

フライパンの上でバターがじゅわじゅわとけて、いい香りがしている。もうそれだけで、おなかがすいてきた。

ぐつぐつ

意味

料理などを、やや強めの火で長くにこむときの音。また、そのときのようす。なべの底からあわがわき立つような状態でにるときに使う。

使ってみよう

商店街で、いいにおいがする方へ歩いて行くと、カレーをぐつぐつにているお店にたどり着いた。

似た意味のオノマトペ

より静かににこむときは……

ことこと

意味

なべの中のものを、弱火で長い時間、静かににこみ続ける音。また、そのときのようす。

【別の意味】かたくかわいたものを軽くたたいたり、かたいものどうしが軽くふれあって立てる高い音。また、そのときのようす。

こうしてできた!

「こと」は、小さい音や軽やかな音をあらわす。たとえば、「ことり」「ことん」は小さなものが動いて鳴る音をあらわしている。「ことこと」のようにふたつ続けると、連続して鳴る音をあらわし、弱火で静かににるようすもあらわすようになった。

ぬめぬめ

意味

表面がなめらかで、ぬれているようなつやがあり、ふれるとすべりやすそうなようす。

使ってみよう

なめこのおみそしるって、ぬめぬめしてるから苦手だなあ。

えーっ、このぬめぬめがいいのに！

似た意味のオノマトペ

油っぽいのは……

ぬらぬら

意味

表面に、ねばり気のある液体や油がついていて、つやがあり、さわったりつかんだりするとすべりやすいようす。不気味さや、ふれたくない気持ちがあらわれる。

ここにあるよ！

『「蛇が？」

「ええ。もとは嫌いだったけれど、だんだん好きになるような気がするわ。一番いやなのは蚯蚓、ぬらぬらしてるから。」』

「月明」豊島与志雄

べとべと

液体のねばり気が強くて、気持ち悪くまとわりつくようす。

使ってみよう

さっきこぼしたジュースをしっかりとふき取らなかったので、ゆかがべとべとする。

似た意味のオノマトペ

くっつく範囲が広いときは……

べっとり

意味

ねばり気の強い、いやな感じのするものが、広い範囲にくっつくようす。

使ってみよう

ペンキぬりたてのベンチに座ってしまい、おしりにペンキがべっとりついてしまった。

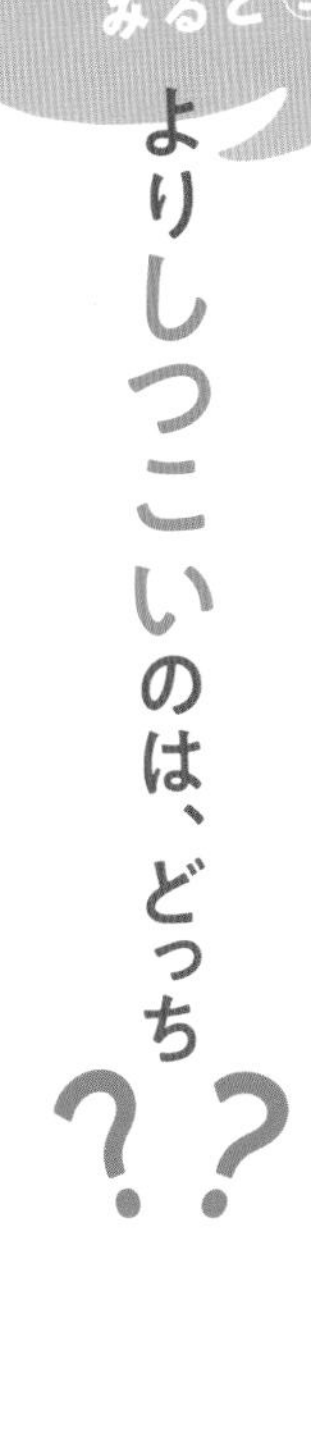

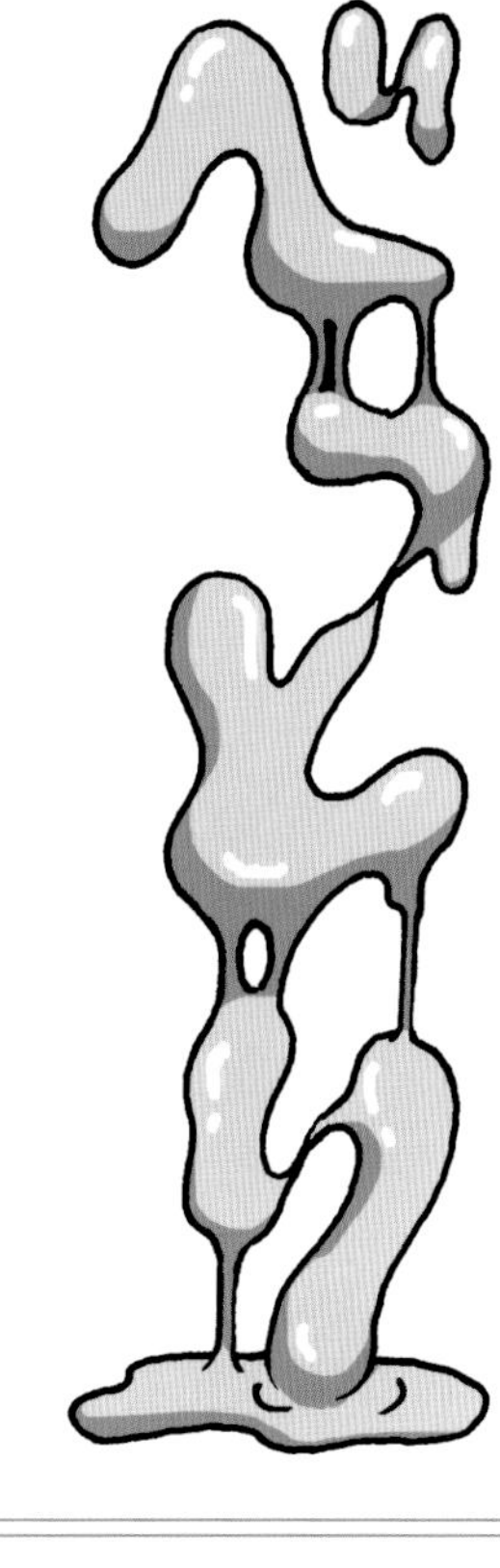

何かがねばりつくようすをあらわす「**べったり**」と「**べっとり**」（30ページ）は、一文字ちがうだけで、意味もほとんど同じように感じられます。はたして、このふたつに意味のちがいはあるのでしょうか。どちらがより「しつこい」かという点から、探ってみましょう。

雨あがりのぬかるんだ校庭で、しりもちをついてしまったと想像してみてください。

「おしりに**べったり**とどろがついた」

「おしりに**べっとり**とどろがついた」

くらべてみると、「**べったり**」の方は、どろがおしりの広い範囲にくっついて、かんたんには落ちそうにない感じがします。一方の「**べっとり**」は、広さよりも、どろのねばり気の強さを感じます。こう考えると、ねばり気がある分、「**べっとり**」の方がしつこいよごれだと言えそうです。では、次の文はどうでしょう。

「千春はいつもお姉ちゃんに**べったり**くっついている」

きっと、千春さんはお姉ちゃんが大好きで、あまえてまとわりついているのでしょう。お姉ちゃんにしたら迷惑かもしれませんが、まわりから見ると、ほほえましくも感じられます。この場合、「千春はいつもお姉ちゃんに**べっとり**くっついている」とはあまり言いません。もし言うとしたら、千春さんのまとわりつき方は、まわりもかなりしつこく感じるレベルだということになります。

こんなふうに**言葉のもつ印象や使い方でくらべてみると、よごれにしても、人間関係にしても、「べったり」よりも「べっとり」の方が、しつこい感じが強い**と言えるでしょう。

かわいた

ぼそぼそ

ご飯やパンなどの水分がなくなり、干からびてつやがなく、食べた感じもなめらかでないようす。

【別の意味】よく聞き取れない、低く小さな声で話し続けるようす。

使い方 後ろの席で、だれかがぼそぼそと話している。

使ってみよう

卵のゆで時間が長すぎて、黄身がぼそぼそになってしまった。

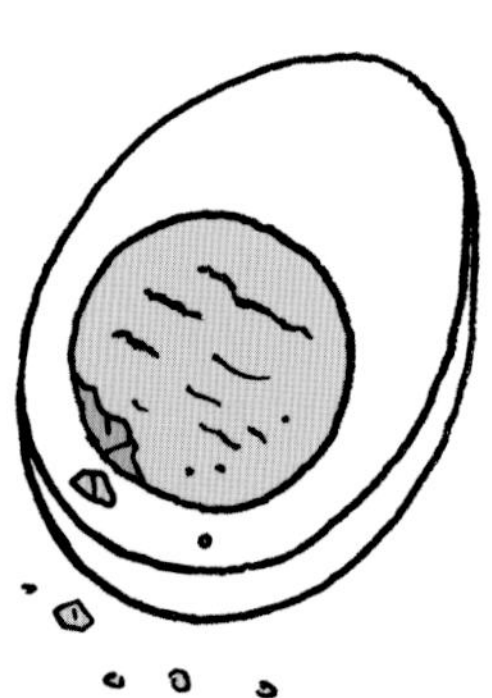

似た意味のオノマトペ

表面がかわいているときは……

ぱさぱさ

意味

かわいたものがふれたときに立てる音。また、そのようす。かわいて水分や油分がなく、じゅうぶんなしめり気がないようす。気持ちにゆとりや豊かさがないようす。

ここにあるよ！

『彼の毛は長く、ぱさぱさしていて、それを背中の所できちんと分けている。

彼は自分の顎髭よりも、むしろその堂々たる体格の方を自慢にしている。』

「博物誌」ルナール作　岸田國士訳

からり

余分な水分や油分がなく、気持ちよくかわいているようす。

【別の意味】何か軽くてかたいものがふれあうときの高い音。戸などを勢いよく開けるときの軽い音。

使い方 おはしが一本、からりと落ちる。

使ってみよう

雨が続いていたけれど、今日は朝から晴れていたので、洗濯物もあっというまにからりとかわいた。

似た意味のオノマトペ

水気がまったくないときは……

からから

意味

ものから水分が完全にぬけて、かわききっているようす。ものの中に何もないようす。

【別の意味】軽くてかたいものがふれあったり回転したりするときの音。高笑いの声。

使い方 その戦士は、相手をかんたんに打ち負かすとからから笑った。

使ってみよう

プランターの水やりを忘れていたので、土がすっかりからからになってしまった。

すくすく

植物や動物が、とちゅうで止まったり、じゃまが入ったりすることなく、元気に育つようす。樹木などが、高くまっすぐにのびているようす。

使ってみよう

わたしが生まれたときに、おじいちゃんが庭に植えてくれたさくらんぼの木がすくすくのびて、今では実がなるようになった。

似た意味のオノマトペ

勢いよくのびるときは……

ぐんぐん

意味

ものごとが勢いよく進んだり、変化したりするようす。まよったり止まったりしないようす。

ここにあるよ！

『風があると、たこはおもしろいように、ぐんぐんと空へ上がるのでした。広い原っぱには、おおぜいの子供たちがきて同じように、いろいろの絵だこや、字だこを上げていました。』

「西洋だこと六角だこ」小川未明

しわしわ

顔やものの広い範囲に、たくさんしわが寄るようす。また、そのしわ。

使ってみよう

ひいおばあちゃんの手はしわしわだけれど、やわらかくてあたたかくて、ぼくは大好きだ。

似た意味のオノマトペ

形が変わるくらい細かいしわなら……

しわくちゃ

意味

顔などにたくさんしわが寄っているようす。紙や布などが折れ曲がってしわが寄り、丸まったりちぢんだりしているようす。

使ってみよう

机の中を整理していたら、おくからしわくちゃになった0点のテストが出てきた。

みだれる

めちゃくちゃ

ものごとの順序や決まりが守られずにみだれているようす。後先を考えずに行動するようす。程度が激しい状況や、もとの形がわからないくらいにこわれているときにも使う。

使ってみよう

自由研究の発表会で、わたしは原稿を家に忘れてきてしまい、話の順番がめちゃくちゃになってしまった。

似た意味のオノマトペ

大げさに言うなら……

しっちゃかめっちゃか

意味

ものごとが、もとにもどらないくらいに混乱したようす。

使ってみよう

となりのクラスの出し物は、とてもまじめな演劇だった。でも、主役の人が何度もせりふをつっかえたり、照明が突然消えてしまったりと、舞台は最初から最後までしっちゃかめっちゃかだった。

あいまい

あやふや

意味

ものごとが不確かな状態。はっきりしなくて判断がつかないようす。また、はっきり結論を出さないようす。

ここにあるよ！

『けれどなぜこの日をペテロの日というのか、それを知ってる人は、ひとりもありませんでした。村でいちばんものしりの牧師さんでさえそれにはあやふやでした。』

「丘の銅像」新美南吉

似た意味のオノマトペ

あえてはっきりさせないときは……

うやむや

意味

ものごとの結末や態度を、目的をもってわざとはっきりさせないようす。

使ってみよう

広樹、わたしの分のおやつも食べていいよ。
それで、ぼくのゲーム機をこわしたことをうやむやにしようとしてない？

がたぴし

木造の家具や戸、窓などが、造りが悪かったり古くなったりしたために、こすれあって立てる、いやな音。また、そのときのようす。

使ってみよう

いなかのおじいちゃんの家はとても古いので、玄関の戸や窓を開けるたびにがたぴしと音がする。

似た意味のオノマトペ

建物全体がきしむときは……

みしみし

意味

木や板で組んだものや建物の骨組み、大木などに、連続して力が加わったときのきしむ音。また、そのときのようす。乱暴にものを動かしたり、ふみつけたりする音。きしみながらものがこわれる音。また、そのときのようす。

使ってみよう

政夫おじさんが自分で建てた山小屋に入った瞬間、ゆかがみしみしして不安になった。

ごつん

意味

かたいもので打ったときの、重くてにぶい音。かたくて重いもので強くたたくようす。

使ってみよう

けんかした友だちと、二人同時に「ごめん」と言って頭を下げたら、ごつんと頭がぶつかって、大笑いした。

似た意味のオノマトペ

より勢いよくぶつかるのは……

がつん

意味

重くてかたいものどうしが勢いよくぶつかる音。また、そのときのようす。強い言い方や態度で、相手の心や体にショックや痛手を与えるようす。

使ってみよう

優香ちゃんは、いつもそうじをさぼってばかりの隼人君に「今日こそはがつんと言ってやる」と、教室のドアの前で待ちかまえていた。

ぽろん

意味

ピアノやバイオリン、ギターなどの弦楽器を一回鳴らしたときに出る高い音。

【別の意味】何かをあっけなく落としたり、飛び出させたりするようす。

使い方 かばんから財布がぽろんと落ちた。

使ってみよう

父と母は、わたしがまだ赤ちゃんのころに、おもちゃのピアノをぽろん、ぽろんとひくのを見て、「この子は天才だ！」と思ったらしい。

似た意味のオノマトペ

低い音なら……

ぼろん

意味

ピアノや弦楽器を1回鳴らしたときに出る低い音。

【別の意味】何かを勢いよく取り落としたり、飛び出させたりするようす。

使ってみよう

ぼくの学校には、夜になると、音楽室からぼろん、ぼろんとピアノの音が聞こえてくるといううわさがある。

ぴーぴー

意味

笛の音、鳥や虫の鳴き声、子どもの泣き声など、連続して高く鳴りひびく音や声。

使ってみよう

うちの冷蔵庫は、ドアを開けっ放しにしているとぴーぴーと音が鳴る。

似た意味のオノマトペ

お祭りの笛の音は……

ぴーひゃら

意味

お祭りの笛や、ラッパに似た木管楽器「チャルメラ」などを演奏している音。

使ってみよう

お祭りの日、遠くからぴーひゃらと笛の音が聞こえてくると、ぼくは待ちきれなくなって、外に飛び出した。

かつかつ

意味

何とか生活ができるくらいの、最低限度のお金しかないようす。限界にかなり近い状況。

【別の意味】かたいものがぶつかり続けるかわいた音。

使い方　かつかつとろうかを歩く、くつの音が聞こえた。

ここにあるよ！

『小さなサーカスは、村々を熱心にうってまわりましたが、みいり※は、ほんの、みんなが、かつかつたべていけるだけの、わずかなものでした。』

「正坊とクロ」新美南吉

※みいり…働いて得られるお金。収入。もうけ。

似た意味のオノマトペ

もっとこまっているときは……

きゅうきゅう

意味

お金がないために生活によゆうがなくて、苦しむようす。

【別の意味】ものがきしんだり、こすれたり、おしつけられたりして鳴り続ける高い音。

使い方　新しいくつは、歩くときゅうきゅう鳴った。

使ってみよう

有名な会社の社長が、わかいころは毎日の食費にもきゅうきゅうとしていたとテレビで話していて、びっくりした。

ざっくざっく

意味

お金や宝石、価値の高いものなどが、次から次へとたくさん出てくるようす。

【別の意味】ものをきざんだりふみつけたりする、力強い音。つぶの形のものが多く集まってふれあう音。

使い方 キャベツをざっくざっくとひたすらきざむ。

使ってみよう

ショッピングセンターのゲームで大当たりが出て、ざっくざっくとコインが出てきた。

似た意味のオノマトペ

下品な感じがするのは……

がっぽがっぽ

意味

お金などが、一度にたくさん手に入ったり、なくなったりすることが、すごい勢いで続くようす。

9 使ってみよう

楽器を買うのに、貯金を全部使っちゃったよ。
この曲が売れたら、お金ががっぽがっぽと入ってくるさ！

もっと知りたい！

場所が変われば……方言のオノマトペ

「この道はいんぐりちんぐりしている」「雨がしびしび降ってきた」——これらは、ある地方だけで使われる言葉「方言」のオノマトペです。どういう意味か、わかりますか？

北海道

むったり
同じ状態が続くようす。勢いがいいようす。わき目もふらずに行うようす。
「むったりゲームばかりしている」

ばくばく
いっしょうけんめいに仕事などをするようす。
「ばくばく働く」

東北地方

がかもか〈秋田県〉
平らでないようす。でこぼこ。
「地面ががかもかしている」

関東地方

ぞっくり〈千葉県〉
小さな植物などが群がって生え出るようす。同じものがたくさんそろって並んでいるようす。
「山にきのこがぞっくり出ている」

ひやんひやん〈群馬県〉
子どもや幼児のきげんが悪いようす。
「赤ちゃんがひゃんひゃんしている」

中部地方

でじこじ〈愛知県〉
長さが不ぞろいであるようす。でこぼこ。
「枝の長さがでじこじだ」

ちんちこちん〈岐阜県〉
とても熱いようす。
「お湯をちんちこちんにわかす」

わだわだ〈青森県〉

寒さのためにふるえているようす。

「うす着でわだわだしている」

近畿地方

すんがり〈大阪府〉

気持ちよく晴れあがったようす。

「すんがりした天気」

しびしび〈京都府〉

小雨が降るようす。

「雨がしびしび降る」

中国地方

びしょびしょ〈岡山県〉

病気にかかりやすいようす。

「今年はびしょびしょだった」

ほがほが〈島根県〉

動きや、対応がおそいようす。

「ほがほがしていて何も進まない」

九州地方

にやにや〈長崎県〉

蒸し暑いようす。

「今日はにやにやする」

がちゃぽん〈福岡県〉

こわれるようす。

反対であるようす。

「話ががちゃぽんになる」

四国地方

いんぐりちんぐり〈高知県〉

不ぞろいなようす。

曲がりくねっているようす。

「この道はいんぐりちんぐりしている」

とちぱち〈愛媛県〉

いそがしく細かく動き回るようす。

「そんなにとちぱちしないで」

沖縄県

そうそう

水やなみだが流れるようす。

「みじそうそうかきゅん（水をざあざあかける）」

方言のオノマトペは、同じ言い方でも地域によってちがう意味で使われることもあります。あなたが住んでいる地域にも、「オンリーワン・オノマトペ」があるかもしれませんよ！

さくいん

シリーズ全4巻にのせているオノマトペをすべて集めて、あいうえお順にならべました。本や会話の中でであったオノマトペの意味を、ぜひ調べてみてください。

（凡例）
①…気持ちのことば
②…自然のことば
③…動きのことば
④…ようすのことば
1〜43…ページ数

あ行

か行

さ行

た行

な行

は行

ま行

や行

ら行

わ行

監修　小野正弘

明治大学文学部教授。日本語学会理事・日本近代語研究会会長。専門は日本語の史的研究（文学・語彙・意味）。著書に『擬音語・擬態語4500　日本語オノマトペ辞典』（小学館）『オノマトペがあるから日本語は楽しい』（平凡社）『感じる言葉　オノマトペ』（KADOKAWA/角川学芸出版）、『くらべてわかるオノマトペ』（東洋館出版社）ほか多数。

語感をみがこう
見て・くらべて
オノマトペ！
さくさく・じりじり
ようすのことば

2020年2月25日　初版第1刷発行

監　修　小野正弘
発行者　中村宏平
発行所　株式会社ほるぷ出版
〒101-0051　東京都千代田区神田神保町3-2-6
TEL：03-6261-6691　FAX：03-6261-6692
https://www.holp-pub.co.jp/

印　刷　共同印刷株式会社
製　本　株式会社ハッコー製本

NDC810/48P/270×210㎜/ISBN978-4-593-58841-1
Printed in Japan
落丁・乱丁本は購入店名明記の上、小社営業部宛にお送りください。
送料小社負担にて、お取り替えいたします。

編集
清水あゆこ

文
武藤久実子

イラスト
三木謙次
（p.2. 児島衣里）

本文デザイン・装丁
いけださちこ
（ひよりデザイン）

参考文献

小野正弘 編『擬音語・擬態語4500　日本語オノマトペ辞典』（小学館）
小野正弘 著『くらべてわかるオノマトペ』（東洋館出版社）
窪薗晴夫 編『オノマトペの謎 ピカチュウからモフモフまで』（岩波書店）
山口仲美 編『擬音語・擬態語辞典』（講談社）
飛田良文・浅田秀子 著『現代擬音語擬態語用法辞典』（東京堂出版）
青空文庫　https://www.aozora.gr.jp

※「ここにあるよ！」の引用文は、掲載にあたり、旧字体は新字体に改めています。